[하나님 나라 가치] 시리즈 5

함께 성장하는 사람들

JN432261

SFC

차례

함 께 성 장 하 는 사 람 들

Training

SFC 하나님 나라 공동체 나눔 교재 시리즈

교재의 특징

본 교재는 대학생들과 청년들의 고민과 상황에 맞게 서로 자연스럽게 대화하고 토론하면서 진행할 수 있도록 꾸며져 있습니다. 성경말씀을 지나치게 깊이 연구하는 방식을 지양하면서도 주어진 말씀의 주제를 중심으로 말씀의 가치를 함께 고민하고 행동할 수 있도록 도울 것입니다.

〈하나님 나라 공동체〉시리즈는 각각의 주제 창(window)을 통해 하나님의 백성들이 지향해야 할 가치들을 나누게 됩니다. 각각의 주제만으로도 하나님 나라의 통합적인 가치를 이해하고 그 가치를 따라 행동할 수 있도록 내용적으로 심혈을 기울였습니다.

교재의 구성

본 교재는 소그룹원들의 생각과 삶을 충분히 나누도록 배려하였고 결국 삶의 변화를 목표로 합니다. 따라서 본 교재는 이 점을 고려하여 내용을 구성하였습니다.

_ **아이스브레이크** : 마음 문을 열고 다룰 주제에 자연스럽게 접근하게 합니다.
_ **삶의 흔적 나누기** : 개연성 있는 상황을 설정하여 삶을 돌아보게 합니다.
_ **말씀의 관점 대하기** : 삶의 고민을 하나님의 말씀으로 해결합니다.
_ **기도로 삶 드리기** : 공동체가 나눈 삶의 적용들을 놓고 함께 기도로 돕습니다.
_ **활동 팁** : 공동체가 배운 내용을 함께 실천할 수 있도록 안내합니다.

교재의 주제

본 시리즈는 단계별 교재가 아닙니다. 순서와 관계없이 어떤 교재를 사용하더라도 하나님 나라의 관점에서 동일한 원리로 접근할 수 있게 했습니다. 따라서 공동체의 상황에 따라 주제를 선택하여 사용하시면 됩니다. 시리즈 전체 목록은 다음과 같습니다.

0. 하나님 나라의 가치를 추구하는 사람들(Value)
_ 하나님의 사람들은 하나님 나라의 기본 가치에 헌신된 자들입니다.

1. 복음을 즐거워하는 사람들(Gospel)
_ 하나님의 사람들은 복음의 핵심적인 내용을 잘 알고 그것을 즐거워합니다.

2. 하나님을 경외하는 사람들(Worship)
_ 하나님의 사람들은 언제 어디서든지 하나님을 가까이 할 수 있는 자들입니다.

3. 그리스도의 성품을 닮은 사람들(Personality)
_ 하나님의 사람들은 그리스도의 인격을 닮은 자이며 그분의 삶을 닮아가는 제자들입니다.

4. 하나님 나라를 전하는 사람들(Evangelism)
_ 하나님의 사람들은 하나님 나라의 복음과 그 가치를 다른 사람들과 함께 나눕니다.

5. 함께 성장하는 사람들(Training)
_ 하나님의 사람들은 서로 훈련하고 함께 성장하기에 힘쓰는 자들입니다.

6. 복음을 위해 고난 받는 사람들(Sacrifice)
_ 하나님의 사람들은 복음의 가치를 실현하기 위해 희생과 섬김의 삶을 살아갑니다.

7. 세상을 변혁하는 사람들(Transformation)
_ 하나님의 사람들은 하나님의 비전대로 세상이 변혁되기를 사모하고 행동합니다.

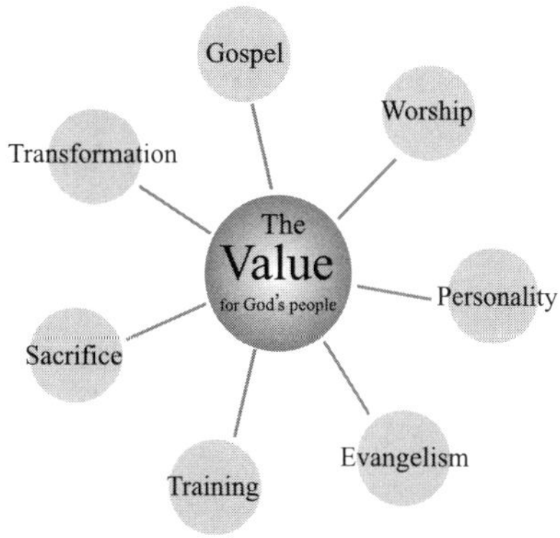

[하나님 나라 가치] 시리즈 5

함께 성장하는 사람들

일러두기

하나님 나라를 위해 하나님으로부터 부르심을 받은 사람들은 '함께 성장하는 사람들' 이다.

교재의 구성

하나님의 백성들은 함께 성장해야 하는 사명을 받았다. 하나님 나라의 가치를 위해 그리스도인들은 예수 그리스도의 제자로서 함께 영향을 주고받는 관계이다. 이 세상 가운데서 제자공동체로 성장하기 위해 다음과 같은 훈련이 필요하다.

제1과 서로 다르지만 함께 하는 공동체

제자공동체는 서로 다양한 사람들이 부르심을 받고 함께 모인 공동체이다. 다양성을 인정하지 않는 공동체는 성숙하기 힘들다. 다양한 특성을 가진 사람들이 함께 모이게 된 것은 제자공동체가 매우 역동적이어야 함을 의미한다.

제2과 공동체를 통한 치유

제자공동체를 통해 공동체의 일원은 자신의 약점과 부족함을 해결할 수 있다. 서로의 필요를 채우고도 자랑하지 않으며 함께 즐거워할 수 있는 공동체를 주님은 원하신다. 공동체 안에서 제자는 온전한 회복을 경험하게 된다.

제3과 갈등을 넘어서는 성숙

제자공동체가 목표를 위해 달려 갈 때, 때로 개인적인 욕망이나 서로 다른 견해로 인해 갈등을 경험하게 된다. 이 갈등은 공동체가 보다 더 성숙한 단계로 나아가는 중요한 시간이다. 그리고 이 갈등은 예수 그리스도의 주권을 높이는 과정에서 성숙의 도구가 된다.

제4과 서로를 가르침

제자공동체의 학습은 오직 주님만이 권위를 가진다. 따라서 제자들 사이에서 일어나는 훈련은 상호간 영향을 주고받는 것이다. 이 가르침도 매우 다양한 방식으로 진행되어야 하며 공동체 구성원 모두에게 유익한 방향으로 이루어져야 한다.

제5과 삶을 통한 영향력

제자공동체의 진정한 영향력은 성령으로 변화된 삶이었다. '말과 혀로만' 사랑한 것이 아니라 '행함과 진실함' 이 있는 공동체였다. 그리스도의 이름으로 먼저 섬기고 다른 사람의 필요를 채워주려는 삶이 공동체 구성원들에게 직접적인 변화를 가져왔다.

제6과 장성한 분량에 이름

제자공동체는 함께 성장하는 공동체로서 그 목표는 그리스도를 닮는 것이다. 각자에게 주어진 그리스도의 장성한 분량에 이르기 위해서 공동체 구성원들 모두가 그리스도의 몸인 교회의 각 지체임을 인식하고 성장을 위해 함께 도와야 한다.

각 과의 구조 및 유의사항

각과 마다 기본적인 구조는 공통적이다. 각 항목마다 목표하는 바가 다르기 때문에 그 항목에 적절한 목표를 성취할 수 있도록 해야 한다.

아이스브레이크

아이스브레이크는 크게 두 가지 목적을 갖고 있다. 첫째는 말 문 열기, 둘째는 주제에 집중하기이다. 첫 번째 질문은 말문을 열기 위한 것이고, 두 번째 질문은 주제에 집중하기 위한 것이다. 아이스브레이크는 모임에 참석한 사람들의 이야기를 들을 준비가 되었다는 것을 확인하는 시간이다.

삶의 흔적 나누기

삶에서 일어날 수 있는 예화를 제시하고 있다. 이 예화들은 우리들의 이야기이다. 이 이야기를 통해 서로의 생각들을 나누는 시간이다. 한 사람이 읽고 나서 주어진 질문에 따라 서로의 생각들을 펼쳐 놓으면서 주제에 더욱 깊이 다가서도록 한다.

말씀의 관점 대하기

성경말씀을 해석하고 성경의 관점을 배우고 구체적인 실천을 위한 깊이 있는 이야기를 나눌 수 있다. 이 시간에는 말씀을 분해하지 않고 전체적인 주제를 더욱 선명하게 하는 데 질문들이 주어져 있다. 따라서 지나친 논쟁은 말씀을 실천하려는 자세에 도움이 되지 않는다. 어떻게 하나님의 말씀을 현실적인 삶에 구체화할 수 있는 지를 놓고 서로의 생각들을 나누고 서로 배우라.

기도로 삶 드리기

각 과의 주제를 총정리 하는 나눔을 하고 그 내용을 가지고 함께 기도하는 시간이다. 주제가 삶 속에서 구체적으로 실천될 수 있도록 기도하라. 그리고 개인의 삶, 공동체, 사회의 변화를 위해 기도하라. 마지막으로 개인적인 기도 제목으로 서로 중보기도 하라.

활동 팁

모임 이후에 개인적으로 또는 공동체적으로 심화 학습하거나 실천할 수 있는 활동들을 제공한다. 이외에도 소그룹들이 주 중에 활용할 수 있는 더 좋은 아이디어를 나누고 실천할 수 있다.

진행시 유의사항

1. 각 질문에 대해 모든 조원들이 나눔을 해야 한다는 생각은 버려라. 시간을 효과적으로 사용하면서도 가능하면 많은 사람들이 나눌 수 있는 방법을 선택하라.

2. 모든 질문은 열린 질문이 되도록 하라. 이 교재는 나눔식 질문으로 구성되어 있기 때문에 그 취지를 잘 살려서 다양한 생각들, 삶의 이야기들을 가능하면 풍성하게 나눌 수 있도록 하라.

3. 나눔은 공동체성을 강화하는 방향으로 가야 한다. 아무리 좋은 주제라도 지나친 논쟁이나 편가르기식 나눔은 이후에 어떤 형태로든지 상처를 남긴다. 공동체 구성원들의 신앙적 견해의 차이를 서로 인정하고 수용하라.

함께 성장하는 사람들

01 서로 다르지만 함께 하는 공동체

아이스브레이크

1. 소그룹 안에 있는 사람들 중 세 명에게 별명을 붙여주고 그 이유를 말해 보라.

2. 나만의 독특한 경험, 혹은 기질 때문에 다른 사람과 함께 하는 것이 힘들었던 경험이 있다면 함께 이야기해 보라.

삶의 흔적 나누기

CASE 1

은실은 형제가 없다. 외동딸로 태어나 어릴 때부터 늘 혼자였다. 부모님 모두 바빠서 그녀는 어려서부터 어린이집과 유치원 등을 다니며 자랐다. 철이 들고 청년이 되었지만 그녀는 어쩐지 혼자 있는 것이 편하다. 다른 사람들과 어울려 무엇인가 함께 하는 것은 항상 어색하고 부담스럽다. 특히 다른 사람과 오랜 시간 동안 함께 무슨 일을 해야 할 때는 정말 힘겹기까지 하다. 그렇지만 그녀는 한편 많은 친구들과 부담 없이 어울리는 사람을 보면 부럽기도 하다. 혼자 보내는 시간이 익숙하고 편하지만 반드시 행복한 것만은 아니다.

CASE 2

대영은 얼마 전 한 동아리에 가입하게 되었는데 처음 만난 사람들과 만나면서 새로운 문화에 적잖은 충격을 받았다. 시간이 지나면 나아지려니 생각했는데 시간이 갈수록 힘들어지기만 한다. 전혀 다른 문화와 가치관을 가지고 있는 사람들과 함께 무엇인가를 한다는 것이 너무 힘들다. 그래서 최근에는 동아리를 그만둘까하는 생각을 하고 있다. 하지만 어디엔가 소속되어 안정감을 갖고 싶은 마음에 시작한 동아리라 쉽게 그만둘 수도 없다.

3. 서로 다른 삶을 가진 개인들이 공동체를 이룬다는 것은 쉽지 않은 일이다. 특별히 나와 다른 배경과 기질을 가지고 있는 사람들과 함께 해야 하는 공동체라면 더 힘들 수 있다. 이런 경험 가운데 있는 친구들에게 우리는 어떤 도움을 줄 수 있을까?

〉〉〉〉 말씀의 관점 대하기

예수님은 공생애를 시작하면서 제자들을 부르셨다. 예수님 주위에는 항상 많은 사람들이 있었지만 특별히 열 두 명의 사람들을 불러 모으신 것이다. 예수님께서 열 두 명의 사람을 특별히 따로 불러 모으신 것은 그들이 예수님과 함께 있게 하고, 보내어 전도도 하며, 귀신을 내어 쫓는 권세도 있게 하려 하신 것이다. 예수님께서 열 두 명의 제자들을 부르신 것은 그들과 함께 하기 위해서, 즉 공동체를 이루기 위해서였다.

예수님께서 추구하신 공동체는 다양성을 가진 공동체였다. 출신지역으로 보면 그들은 대부분 갈릴리 출신이지만 삶의 경험과 기질은 다양하다. 마태는 세리였고, 시몬은 열심당원 출신이었으며, 안드레와 빌립은 세례요한의 제자였다. 베드로는 언제나 앞장서는 성질 급한 사람이었고, 도마는 항상 모든 것을 따져보며 확실한 증거를 요구하는 세심한 사람이었으며, 야고보와 요한은 어머니를 앞세워 예수님의 좌우편에 앉게 되는 영광을 구할 만큼 정치적인 야심이 큰 사람들이었다.

마가복음 3장 13절~19절

> 또 산에 오르사 자기의 원하는 자들을 부르시니 나아온지라. 이에 열둘을 세우셨으니, 이는 자기와 함께 있게 하시고 또 보내사 전도도 하며 귀신을 내어쫓는 권세도 있게 하려 하심이러라.
>
> 이 열둘을 세우셨으니 시몬에게는 베드로란 이름을 더하셨고 또 세베대의 아들 야고보와 야고보의 형제 요한이니 이 둘에게는 보아너게 곧 우뢰의 아들이란 이름을 더하셨으며 또 안드레와 빌립과 바돌로매와 마태와 도마와 알패오의 아들 야고보와 및 다대오와 가나안인 시몬이며 또 가룟 유다니 이는 예수를 판 자더라.

4. 예수님은 열 두 명의 제자들을 불러 자신과 함께 하게 하셨을 뿐만 아니라, 제자들이 서로 함께 있도록 하셨다. 열 두 명의 제자들과 공동체를 이루어 사신 것이다. 예수님은 제자들을 불러 전도하게 하시며, 귀신을 내어 쫓아 하나님의 통치를 회복하기 위한 목적도 있지만 그에 앞서 그들이 서로 '함께 하도록' 하신 것은 매우 중요하다. 그렇다면 그들에게 맡겨질 하나님 나라의 사역과 그들이 경험하게 될 공동체는 어떤 관계가 있었을까? 왜 제자들을 공동체로 부르셨을까?

5. 예수님은 다양한 삶의 배경과 기질을 가지고 있는 사람들을 불러 모으셨다. 제자들의 공동체는 다양성을 가지고 있었는데, 이들이 가지고 있는 다양성은 그들의 훈련과 성장에 어떤 영향을 주었을까? 긍정적인 면과 부정적인 면을 함께 이야기해 보라.

6. 자신이 속해 있는 공동체는 어떤 다양성을 가지고 있는지 살펴보자. 구성원들의 가정, 경험, 기질의 차이에 대해 나누어 보라. 그리고 그 다양성이 지금 현재의 공동체에 어떤 영향을 미치고 있는 지 이야기해 보라.

7. 베드로와 도마는 매우 다른 기질의 사람이었다. 함께 공동체를 이루어 살면서 그들은 서로에게 어떤 마음이었으며 어떤 영향을 주었을까? 제자 공동체에서 서로 다른 기질과 특성을 가지고 있는 사람들을 예로 들어 보고 그들이 함께 하는 것 자체를 통해 서로에게 어떤 영향을 줄 수 있었는지 논의해 보라. 우리 공동체에 나와 전혀 다른 기질의 사람이 있는지 찾아보고 서로가 다르기 때문에 '함께 함' 으로써 경험할 수 있는 장점들은 무엇이 있을지 구체적으로 나눠 보라.

⟩⟩⟩⟩ 기도로 삶 드리기

서로 다른 삶의 경험과 기질을 가지고 있는 열 두 명의 사람들을 불러 공동체를 이루신 것은 예수님이 기뻐하신 일이었다. 예수님은 제자들과의 공동체를 통해서 하나님 나라를 증거하며 이 땅에 하나님의 통치를 회복하고자 하신 것이다. 다양한 삶의 배경을 가지고 있는 사람들로 이루어진 공동체는 예수님이 계획하신 것으로 제자들을 훈련하고 성장시키는 예수님의 방법이었다.

8. 하나님은 그의 백성들을 공동체로 부르신다. 한 사람 한 사람을 개인적으로 아시고 인격적으로 대하시지만 동시에 우리를 하나님 나라의 백성으로, 한 공동체로 세우시는 것이다. 하나님 안에서 우리가 온전한 공동체를 이루어 하나님 나라의 풍성함을 증거 하는 사람들이 되도록 하나님의 은혜를 구하라.

9. 제자들의 공동체는 다양한 경험과 기질을 가지고 있는 사람들이 모인 공동체였다. 다양성은 예수님이 기초하신 공동체의 특징 중 하나이다. 우리 공동체에 나와 다른 경험과 기질을 가지고 있는 사람들과 온전히 함께 할 수 있게 되도록 기도하라. 서로 다른 우리가 하나 되는 것은 성령 하나님의 역사가 아니면 불가능하다. 우리 가운데 하나님의 영이 역사하여 우리를 하나 되게 하시도록 간구하자.

》》》 **활동 팁**

10. 나와 다른 경험과 기질로 인해 불편한 감정을 가지고 있었던 친구의 장점을 적어보라. 그리고 그 장점을 칭찬해주자.

11. 우리 공동체가 가지고 있는 다양성으로 인해 누리게 되는 은혜를 하나씩 적어서 함께 나누어 보자.

"이에 열둘을 세우셨으니,
이는 자기와 함께 있게 하시고
또 보내사 전도도 하며 귀신을 내어쫓는 권세도 있게 하려 하심이러라"
마 3:13-14

02 공동체를 통한 치유

〉〉〉〉 아이스브레이크

1. 오늘 옆에 앉아 있는 사람에게 지금 가장 필요할 것 같은 것이 무엇인지, 그리고 그 이유는 무엇인지 적어보자. 그리고 왜 그런 생각을 하게 되었는지 함께 이야기해 보라.

2. 자기 인생에 있어서 가장 추웠던 때를 떠올려 보자. 그때 왜 그렇게 추웠는지, 그 추위를 어떻게 이겨냈는지 함께 나누어 보라.

〉〉〉〉 삶의 흔적 나누기

CASE 1

삼순은 어릴 때 아버지가 돌아가셨다. 아버지가 돌아가신 후 가정 형편이 많이 힘들어졌고 사춘기를 지나는 동안 가정의 모든 상황은 그녀의 마음에 지울 수 없는 상처를 남겼다. 겉으로는 잘 드러나지 않지만 순간순간 사람들에게 상처주는 말과 행동을 하는 삼순이. 그녀는 마치 가시를 잔뜩 짊어지고 살아가는 고슴도치와 같았다. 그런데 한 공동체를 만나면서부터 그녀의 삶에 변화가 일어나기 시작했다. 사람을 잘 믿지 않고 쉽게 공격적이 되곤 했던 그녀에게 따뜻한 분위기의 낯선 공동체는 서서히 그녀의 마음을 어루만지고 회복시켰다. 따뜻한 공동체와의 만남은 그녀에게 잊을 수 없는 삶의 전환점이 되었다.

CASE 2

태형은 평범한 삶을 살아왔다. 다른 사람에게 피해를 주는 일도, 그렇다고 다른 사람을 적극적으로 돕는 일도 없이 그냥 자신의 삶에 충실하면 된다고 생각하며 살아왔다. 그런데 최근 한 공동체를 경험하면서 자신의 삶에 대해 다시 생각하게 되었다. 다른 사람의 상처와 고통에 대해서 적극적으로 반응하며 도우려는 사람들을 만나면서 자신의 삶의 태도를 반성하게 된 것이다. 그는 스스로 그리 나쁘지 않은 삶을 살고 있다고 자부하고 있었다. 그러나 지금 경험하고 있는 공동체는 무엇인가 알 수 없는 힘을 가지고 있다는 느낌을 받게 되었다. 가끔 그들의 태도가 부담스럽고 지나치다는 생각을 하기도 하지만 그 공동체가 가져다주는 독특한 매력을 부인할 수는 없었다. 그러나 그들을 닮아간다는 것은 태형에게 아직까진 부담스러운 일이다.

3. 우리 주위의 사람들은 태형과 같은 상황에 많이 처해 있는 것 같다. 그와 비교해서 우리는 어떤 삶을 살고 있는지 함께 이야기해 보라.

》》》 말씀의 관점 대하기

룻기는 나오미, 룻, 보아스 세 사람이 만들어가는 이야기이다. 룻기에는 하나님이 등장하지 않는다. 그러나 사람들의 삶 속에 보이지 않게 개입하시고 인도하시는 하나님의 선하심을 볼 수 있다. 그리고 이러한 하나님의 인도하심을 따라 사는 하나님의 백성들은 온전한 공동체를 세우기 위해 서로에게 영향을 주고 있음을 확인할 수 있다. 세 사람이 살아가는 사사시대는 하나님의 선함을 상실한 잔인하고 폭력적인 시대였지만, 그들은 역사를 거슬러 하나님이 계획하신 공동체적 삶을 경험하고 그것을 수행하면서 살았다.

나오미는 남편을 따라 유대를 떠나 모압으로 갔었다. 모든 것을 잃고 다시 유대로 돌아와서 그는 자신의 이름을 나오미(희락)에서 마라(괴로움)로 바꾼다. 상실감으로 인한 상처가 나오미의 삶을 지배하고 있었다. 그러나 나오미는 그녀의 상처를 치유하고 회복하는 은혜를 공동체 가운데서 새롭게 발견하게 된다.

룻기 2장 8절~13절

"보아스가 룻에게 이르되 "내 딸아 들으라. 이삭을 주우러 다른 밭으로 가지 말며 여기서 떠나지 말고 나의 소녀들과 함께 있으라. 그들의 베는 밭을 보고 그들을 따르라. 내가 그 소년들에게 명하여 너를 건드리지 말라 하였느니라. 목이 마르거든 그릇에 가서 소년들의 길어 온 것을 마실찌니라."

룻이 땅에 엎드려 절하며 그에게 이르되 "나는 이방 여인이어늘 당신이 어찌하여 내게 은혜를 베푸시며 나를 돌아보시나이까?"

보아스가 그에게 대답하여 가로되 "네 남편이 죽은 후로 네가 시모에게 행한 모든 것과 네 부모와 고국을 떠나 전에 알지 못하던 백성에게로 온 일이 내게 분명히 들렸느니라. 여호와께서 네 행한 일을 보응하시기를 원하며, 이스라엘의 하나님 여호와께서 그 날개 아래 보호를 받으러 온 네게 온전한 상 주시기를 원하노라."

룻이 가로되 "내 주여 내가 당신께 은혜 입기를 원하나이다. 나는 당신의 시녀의 하나와 같지 못하오나 당신이 이 시녀를 위로하시고 마음을 기쁘게 하는 말씀을 하셨나이다.""

4. 보아스가 모압 여인 룻에게 베푼 은혜가 무엇인지 다른 본문에서 관찰하고 구체적인 내용을 나눠 보라. 그리고 보아스가 베푼 은혜는 사사시대에 고향을 떠나 아무것도 가진 것 없는 시어머니를 따라 유대로 온 이방 여인 룻과 그녀의 시어머니 나오미에게 어떤 특별한 의미가 있었겠는가?

5. 보아스가 룻에게 하는 말을 통해 우리는 룻이 어떤 사람이며 어떻게 시어머니를 모시고 살았는지, 그리고 룻이 모압을 떠나 유대로 온 이유를 미루어 짐작할 수 있다. 룻의 삶과 신앙에 대해 함께 이야기해 보라(룻기 1장을 참조하라).

6. 우리는 여러 가지 경험을 하며 살아간다. 때때로 우리는 나오미처럼 힘겨운 경험으로 인해 심각한 상처를 받기도 한다. 자신이 가지고 있는 상처가 공동체를 통해 치유되었던 경험을 함께 이야기해 보자. 공동체를 만나게 된 것, 사람들이 어떻게 나를 도왔는지, 나는 그들에게 어떻게 반응했는지 등의 이야기를 통해 그때 경험했던 은혜를 나눠 보라.

7. 우리 공동체가 다른 사람의 아픔과 상처에 반응하며 치유하는 공동체가 되려면 무엇이 필요할까? 우리 공동체가 치유하는 공동체가 되기 위해 개인적으로 기대하는 것들에 대해 구체적으로 이야기 해 보라. 나아가 우리가 속해 있는 다양한 공동체(가정, 캠퍼스, 교회, 사회 등) 안에서 치유하는 역할을 담당하기 위해서는 우리 공동체에 무엇이 채워져야 할까?

》》》 기도로 삶 드리기

모든 것을 잃고 모압을 떠날 때 고향과 가족을 버리고 함께 했던 며느리 룻과 가난하고 보잘것없는 여인들에게 은혜와 자비를 베푸는 보아스를 통해 나오미는 지난 과거의 아픔을 치유하고 새로운 소망을 노래할 수 있게 된다. 하나님의 선하심을 아는 사람들, 하나님의 말씀을 따라 선한 삶을 실천하며 살아가는 사람들로 이루어진 공동체는 사람을 치유하고 회복하는 힘이 있다.

우리가 사는 시대는 사사시대와 크게 다르지 않다. 많은 사람들이 상처받고 고통 받아 힘들어하고 있다. 그들을 치유하고 잃어버린 소망을 회복하는 하나님의 방법은 하나님의 은혜로 인도함을 받는 사람들의 공동체이다.

8. 우리 공동체가 상처받아 고통 하는 사람들을 치유하는 회복의 공동체가 될 수 있게 해달라고 기도하라.

9. 치유하는 공동체는 다른 사람들에 대한 배려와 도움을 위한 선행의 마음을 갖고 선한 삶을 살아간다. 룻과 보아스가 보여준 마음과 삶은 오늘 우리시대에도 의미 있고 유효한 것이다. 우리 공동체가 선한 마음과 삶이 가득하도록 기도하자. 자기중심성을 버리고 다른 사람을 유익하게 하는 공동체가 될 수 있도록 성령 하나님의 도우심을 구하라.

〉〉〉〉 활동 팁

10. 우리 주위에 힘들어하는 친구들을 생각하면서 그들을 위한 구체적인 기도제목을 나누고 함께 기도하자. 매일 그들을 위해 기도하는 시간을 정하고 함께 기도하라.

11. 힘들어하는 친구를 위로할 수 있는 작은 선물을 주는 것도 의미가 있다. 위로와 용기를 주는 말이 담겨있는 편지나 엽서, 커피 한잔, 혹은 꽃 한 송이가 사람의 마음을 바꿀 수도 있다. 공동체가 함께 격려가 필요한 사람을 위해 깜짝 이벤트를 준비해 보자.

"룻이 땅에 엎드려 절하며 그에게 이르되
나는 이방 여인이어늘
당신이 어찌하여 내게 은혜를 베푸시며 나를 돌아보시나이까?"
룻 2:10

03 갈등을 넘어서는 성숙

〉〉〉〉 아이스브레이크

1. 당신은 다른 사람으로부터 칭찬을 받을 때 어떤 기분인가? 타인으로부터 칭찬 받을 때의 기분을 한 단어로 표현해 보고 그 이유를 말해 보라.

2. 사람에게는 누구에게나 라이벌이 있다고 한다. 당신의 라이벌은 누구이며 그와 어떤 관계를 맺고 있는지 이야기해 보라.

〉〉〉〉 삶의 흔적 나누기

CASE 1

민철은 요즘 마음이 편하지 않다. 오랫동안 함께 한 친구와 여러 면에서 경쟁을 하게 되었기 때문이다. 어떤 이유에서인지 모르지만 언제부터인가 서로는 공동체 안에서 경쟁자가 되어 불편한 관계가 되었다. 전에는 서로 깊은 교제를 나누며 함께 했는데 지금은 인사만 나누는 정도이지 대화가 별로 없다. 관계를 회복하기 위한 노력을 해보기도 하지만 번번이 실패하고 만다. 사실 민철의 마음속에는 그 친구보다 자기가 더 앞서고자 하는 욕심이 있다. 이런 마음을 인정하기는 싫지만 그렇지 않으면 자존심이 상한다.

CASE 2

정민은 사람들의 주목을 받는 것을 좋아한다. 그런데 최근 공동체에서 자신의 역할이 많이 축소되어 마음이 편하지 않다. 이전에는 자신이 중요한 역할을 하면서 사람들의 주목을 받았는데 최근 들어 이상하게 자신이 주변으로 밀려나는 느낌이다. 그뿐 아니라 지금 앞에서 열심히 일하는 친구들이 싫다. 그들이 하는 일에 대해 적극적으로 협조하지 않고 있다. 사실 그는 다른 사람들보다 자신이 훨씬 더 탁월하며 일을 잘 할 수 있다고 생각하고 있다.

3. 민철과 정민처럼 같은 경험을 해본 적이 있을 것이다. 그때의 경험을 함께 이야기 해보자. 그리고 민철이와 정민이에게 우리가 조언을 해준다면 어떤 말을 해줄 수 있을까?

〉〉〉〉 말씀의 관점 대하기

예수님의 제자들 사이에서는 종종 누가 큰 자인가 하는 다툼이 있었다. 예수님을 따르는 사람들이 많았음에도 불구하고 예수님께서 따로 열 두 명의 제자를 세우셔서 특별히 가까이 하시고 사역도 맡기셨다. 제자들은 자신들이 예수님의 특별한 사랑을 받고 있으며, 당연히 주의 나라에서 나름대로의 지위를 얻게 될 것이라고 생각했다. 그러나 인간의 높아지고자 하는 욕심은 많은 사람들 중 열 두 명의 제자에 선택되어 특별한 사랑을 받는 것에 만족하도록 두지 않는다. 제자들은 열 두 사람 중에 누가 으뜸이 될 것인 지를 놓고 늘 긴장상태였으며 서로 자주 경쟁했다.

예수님의 질문에 대해 항상 성급한 대답으로 나름의 열정을 보이던 베드로는 어쩌면 그 마음에 '으뜸의식'이 자리잡고 있었는지도 모른다. 예수님의 나라에 두 아들을 좌우편에 앉게 해달라고 부탁했던 세베대의 아들인 야고보와 요한의 어머니는 어쩌면 그것은 야고보와 요한 자신의 야심을 간접적으로 드러낸 것이리라.

마태복음 20장 20절~28절

"그 때에 세베대의 아들의 어미가 그 아들들을 데리고 예수께 와서 절하며 무엇을 구하니, 예수께서 가라사대 "무엇을 원하느뇨?" 가로되 "이 나의 두 아들을 주의 나라에서 하나는 주의 우편에, 하나는 주의 좌편에 앉게 명하소서." 예수께서 대답하여 가라사대 "너희 구하는 것을 너희가 알지 못하는도다. 나의 마시려는 잔을 너희가 마실 수 있느냐?" 저희가 말하되 "할 수 있나이다." 가라사대 "너희가 과연 내 잔을 마시려니와 내 좌우편에 앉는 것은 나의 줄 것이 아니라 내 아버지께서 누구를 위하여 예비하셨든지 그들이 얻을 것이니라."

열 제자가 듣고 그 두 형제에 대하여 분히 여기거늘 예수께서 제자들을 불러다가 가라사대 "이방인의 집권자들이 저희를 임의로 주관하고 그 대인들이 저희에게 권세를 부리는 줄을 너희가 알거니와 너희 중에는 그렇지 아니하니 너희 중에 누구든지 크고자 하는 자는 너희를 섬기는 자가 되고 너희 중에 누구든지 으뜸이 되고자 하는 자는 너희 종이 되어야 하리라. 인자가 온 것은 섬김을 받으려 함이 아니라 도리어 섬기려 하고 자기 목숨을 많은 사람의 대속물로 주려 함이니라.""

4. 야고보와 요한은 주의 나라에서 예수님의 좌우편에 앉기를 간구하고 있다. 야고보와 요한이 생각하는 주의 나라는 어떤 것이었을까? 그리고 그들이 주의 좌우에 앉는 사람이 되고자하는 것은 무엇을 얻고자 하는 것일까?

5. 야고보와 요한이 예수님에게 주의 나라에서 예수님의 좌우편에 앉기를 간구하는 것을 본 제자들은 분노했다. 제자들이 야고보와 요한에 대해 분을 품은 이유는 무엇일까? 그리고 이 일 후에 야고보 형제와 나머지 제자들 사이에 어떤 변화가 있었을까?

6. 함께 공동체를 이루고 있는 사람들 사이에서 경쟁심, 시기, 질투, 등 좋지 못한 정서로 인해 갈등하게 된 경험을 이야기해 보라. 그리고 그 갈등을 어떻게 다루었는지에 대해서도 나눠보라.

7. 갈등을 효과적으로 극복한 사례를 나눠보라. 갈등을 통해 공동체가 더욱 성숙한 일이 있는가? 공동체가 여러 가지 갈등을 효과적으로 다루려면 무엇이 필요하다고 생각하는가? 그리고 갈등이 부정적인 측면에만 머물지 않고 공동체가 함께 하나님이 주신 긍정적인 비전을 성취하도록 할 수 있는 방법은 무엇일까?

》》》 기도로 삶 드리기

예수님이 형성하신 제자들의 공동체에도 갈등이 있었다. 서로 으뜸이 되고자 경쟁하고 다투는 일로 인해 바람잘 날이 없었다. 예수님은 공동체의 갈등을 적극적으로 해결하시면서 제자로서의 참된 삶의 태도를 가르치신다. 이 땅의 모든 공동체는 갈등을 가지고 있다. 그러므로 중요한 것은 갈등을 어떻게 다룰 것이냐이다.

8. 우리 마음속에는 여전히 죄가 자리 잡고 있다. 성령의 역사가 아니면 우리는 죄를 이길 수 없다. 성령의 도우심으로 우리가 거짓된 야심을 버리고 공동체와 함께 하나님의 비전을 이루는 사람이 되게 해 달라고 기도하라.

9. 우리 공동체가 온전히 하나 될 수 있도록 은혜를 구하자. 우리를 갈등하게 만드는 여러 가지 좋지 못한 감정을 극복하고 하나님의 사랑 안에서 하나 됨으로써 함께 성장할 수 있도록 하나님의 인도를 구하자.

〉〉〉〉 활동 팁

10. 공동체 안에 존재하는 갈등이 무엇인지 구체적으로 목록을 나열해 보고, 한 사람씩 그것을 위해 자신이 할 수 있는 일들을 말해 보자.

11. 공동체에 보이지 않는 갈등을 해소하는 화해자가 되기 위해 일주일 동안 두 사람 이상을 만나 함께 기도하는 시간을 가지라.

"너희 중에 누구든지 으뜸이 되고자 하는 자는
너희 종이 되어야 하리라"

마 20:26

04 서로를 가르침

〉〉〉〉 아이스브레이크

1. 현재 자신의 오른쪽에 있는 사람의 기분이 어떤 지 이야기해 보라.

2. 자신이 가장 좋아하는 성경구절을 작은 메모지에 적어고 두 사람씩 짝을 지어 그 이유에 대해 나눠보라.

〉〉〉〉 삶의 흔적 나누기

CASE 1

상운은 최근 많이 힘들었다. 여러 가지 힘든 일이 있었지만 자기를 가장 힘들게 한 것은 무엇보다 가장 부담스러운 어려움은 자신의 상황에 대해 이야기 할 수 있는 사람이 많시 않다는 점이다. 가끔 이야기를 나누고 함께 즐거운 시간을 보내는 동료들은 있지만 자신의 상황에 대해 진심어린 조언을 해줄 사람은 없다. 그렇게 힘든 시간을 보내다가 상운은 최근 한 공동체를 만나게 되었다. 그 공동체에 속한 사람들은 자연스럽게 자신의 삶을 이야기 하며 편안한 분위기 속에서 서로를 가르치고 권면하는 삶을 살고 있었다. 처음에는 자신의 이야기를 한다는 것이 부끄럽고 조심스러웠지만 그가 마음을 열고 다가가자 혼자서는 생각할 수 없었던 풍성한 이야기들이 나누어졌고, 그렇게 서로 이야기하며 대화하는 동안 지혜를 얻어가는 느낌이 들었다. 상운은 요즘 크고 작은 일을 그 공동체와 함께 나누며 해결해가고 있다.

CASE 2

문희는 최근 한 친구를 두고 깊이 기도하고 있는 중이다. 그녀의 친구는 오랫동안 방황하며 자신의 삶의 방향을 잡지 못하고 있다. 그래서 하나님의 지혜를 구하며 어떻게 친구를 도울지 때를 구하고 있었다. 그러던 중 하루는 말씀을 묵상하다가 지혜를 얻어 조심스럽게 친구에게 간단한 문자 메시지를 남겼다. 큰 기대를 하고 한 일은 아니다. 다만 오늘 아침 자신에게 주신 하나님의 은혜를 친구와 나누고 싶어 보낸 문자였다. 그런데 저녁때가 되어서 친구로부터 문자가 왔다. 문희가 보낸 짧은 문자 메시지를 보고 하루 종일 가슴이 뛰어 견딜 수가 없었다고 한다. 하나님이 얼마나 자신을 사랑하는지 다시 깨달았다는 것이다.

3. 공동체 가운데서 함께 나누는 하나님의 말씀을 통해 서로 은혜를 받고, 해결하지 못해 힘들어하던 문제를 해결했던 경험이 있다면 함께 나누어 보라.

〉〉〉〉 말씀의 관점 대하기

예수 그리스도를 머리로 모시고 있는 교회는 한 몸으로 부름 받은 공동체이다. 그리스도의 몸인 교회, 하나님의 백성들의 공동체가 온전해지기 위해서 무엇이 필요한지 골로새서는 분명하게 말하고 있다. 긍휼, 자비, 겸손, 온유, 오래 참음, 사랑 등의 선한 정서는 공동체의 일치를 유지하는데 중요한 것이다.

하나님의 백성들이 공동체를 이루어 살아가기 위해서는 공동체를 하나 되게 하는 선한 정서와 함께 하나님의 말씀을 통한 가르침이 절대적으로 필요하다. 사실 선한 정서는 하나님의 말씀으로 가르침을 받아 온전해지는 것이다. 그러므로 하나님의 말씀이 풍성히 거하여 서로를 말씀으로 가르치는 삶이 없이는 공동체의 일치도, 선한 정서의 성숙도 있을 수 없다.

그리스도인들은 공적으로 세움 받은 목사와 교사들을 통해서 말씀을 배울 뿐 아니라, 서로 서로 하나님의 말씀을 가르치고 배울 수 있다. 사도 바울은 '그리스도의 말씀이 너희 속에 풍성하여 피차 가르치고 권면하고' 라고 말하고 있다. 하나님의 말씀은 성도들 상호간에 가르치고 배우는 것임을 분명히 하고 있는 것이다.

사도행전 16장 25절~34절

그러므로 너희는 하나님의 택하신 거룩하고 사랑하신 자처럼 긍휼과 자비와 겸손과 온유와 오래 참음을 옷 입고, 누가 뉘게 혐의가 있거든 서로 용납하여 피차 용서하되, 주께서 너희를 용서하신 것과 같이 너희도 그리하고, 이 모든 것 위에 사랑을 더하라 이는 온전하게 매는 띠니라.

그리스도의 평강이 너희 마음을 주장하게 하라 평강을 위하여 너희가 한 몸으로 부르심을 받았나니 또한 너희는 감사하는 자가 되라.

그리스도의 말씀이 너희 속에 풍성히 거하여 모든 지혜로 피차 가르치며 권면하고, 시와 찬미와 신령한 노래를 부르며, 마음에 감사함으로 하나님을 찬양하고, 또 무엇을 하든지 말에나 일에나 다 주 예수의 이름으로 하고, 그를 힘입어 하나님 아버지께 감사하라.

4. 성도들 상호간에 지혜로 가르치며 권면하기 위해서는 그리스도의 말씀이 '너희 속에' 풍성해야 한다고 말하고 있다. 그리스도의 말씀이 '우리 속에' 풍성하게 된다는 것은 어떤 의미일까? 그리고 그리스도의 말씀이 '우리 속에' 풍성히 거하게 되려면 어떻게 해야 할까?

5. 가르친다는 것은 진리의 말씀이 무엇인지 그 내용은 어떤 것인지 가르친다는 것이며, 권면한다는 것은 하나님의 말씀에 비추어 잘못된 것이 무엇인지 분별하여 바로잡아 준다는 것이다. 우리가 서로 가르치고 권면하는 삶을 일상화하기 위해서 필요한 것은 무엇일까?

6. 하나님의 말씀을 바르게 알지 못하거나, 말씀을 떠나 방황하는 친구를 가르치고 권면하여 도운 경험이 있다면 이야기해 보라. 그리고 말씀으로 친구를 도울 때 가장 힘들었던 점과 감사했던 점은 무엇인지 함께 나누어 보라.

7. 내가 힘들어 방황할 때 하나님의 말씀으로 나를 가르치고 권면해준 친구가 있었는가? 말씀을 가르쳐 나의 무지를 일깨워주고, 나의 생각과 판단의 오류를 말씀으로 밝혀 바르게 하고자 하는 친구를 보면서 어떤 느낌을 받았는지 함께 이야기해 보라.

》》》 기도로 삶 드리기

은혜 가운데 성장하는 공동체는 항상 말씀이 풍성하다. 예배를 통해 전해지는 말씀, 성도들이 개인적으로 성경을 읽을 때 드러나는 말씀, 성도들 상호간의 교제를 통해 전해지는 말씀이 풍성하여 공동체를 온전하게 하는 것이다. 우리 공동체도 하나님의 말씀이 풍성하여 우리가 서로 교제하는 가운데 하나님의 말씀이 흘러 넘쳐 서로를 가르치고 권면할 수 있는 성숙한 공동체로 자라야 할 것이다.

8. 우리가 공동체를 이루어 서로 말씀으로 가르치고 권면하기 위해서는 지혜가 필요하다. 하나님의 성령으로 말미암은 지혜가 아니고는 말씀으로 영혼을 바르게 할 수가 없다. 성령으로부터 주어지는 지혜를 구하자.

9. 하나님의 말씀이 우리 가운데 풍성하기 위해서는 날마다 말씀을 읽고 묵상하며 나누는 삶이 자연스러워야만 한다. 우리가 하나님의 말씀을 사모하는 공동체가 되도록 기도하자.

》》》 활동 팁

10. 일주일 동안 매일 묵상한 말씀을 정리해서 세 명 이상의 지체들과 함께 나누는 시간을 가지라. 짧은 시간이라도 서로의 삶에 하나님의 말씀을 적용하며 나누는 시간을 통해 하나님의 말씀이 역사하는 것을 경험하도록 하라.

11. 묵상한 말씀 중 공동체 전체와 공유하고 싶은 말씀이 있으면 공동체의 홈페이지 게시판에 올려서 함께 나누라.

"그리스도의 말씀이 너희 속에 풍성히 거하여
모든 지혜로 피차 가르치며 권면하고..."

골 3:16

05 삶을 통한 영향력

〉〉〉〉 아이스브레이크

1. 자신의 성격을 한 단어로 표현한다면 어떻게 표현할 수 있겠는가? 그 이유는 무엇인가?

2. 가정에서 자신이 가장 닮은 사람은 누구인가? 어떤 이유에서 그렇게 닮게 되었다고 생각하는가?

〉〉〉〉 삶의 흔적 나누기

CASE 1

병석은 함께 공동체를 이루어 성장해온 친구가 있다. 그 친구는 언제나 말없이 섬기는 모습으로 많은 사람들에게 기쁨과 평안을 주곤 한다. 궂은 일에는 항상 앞장서고, 다른 사람의 허물은 말없이 덮어주는 그 친구를 모든 사람이 좋아하고 따른다. 병석은 오랫동안 그 친구와 함께 하면서 자신도 모르게 그 친구를 닮아가고 있는 것을 알게 되었다. 그 친구가 특별히 병석은 변화를 요구하거나 자신의 삶의 스타일을 가르치려 한 것이 아닌데도 자연스럽게 병석이의 삶은 그 친구의 삶과 닮아가고 있었던 것이다. 최근 병석은 친구의 장점을 배워가면서 자신이 한층 더 성숙해지고 있다는 기쁨에 감사하고 있다.

CASE 2

은아의 부모님은 무뚝뚝하고 무서운 분들이다. 그녀는 어릴 때부터 부모님들이 무서웠고 대하기가 힘들었다. 다른 친구들이 자기들의 부모님과 친구처럼 편하게 지내고 자연스럽게 사랑을 표현하는 것을 볼 때면 부러웠고 자신의 부모님이 원망스러웠다. 그래서 그녀는 자신은 부모님들을 닮지 말아야지 결심하곤 했다. 그러나 청년이 된 지금 은아는 순간순간 자신에게서 부모님의 모습을 발견하곤 한다. 그녀는 생각으로는 부모님을 닮지 않겠다고 다짐하지만 어느새 부모님의 삶을 본받고 있었던 것이다.

3. 함께 하는 삶은 그것이 좋은 것이든 나쁜 것이든 자연스럽게 학습이 된다. 공동체 속에서 이처럼 자연스럽게 삶의 태도를 배운 경험이 있다면 이야기 해보라. 그리고 공동체 속에 있는 좋지 않은 삶의 태도를 답습하지 않으려면 어떻게 하는 것이 좋을지 각자의 생각을 말해 보라.

〉〉〉〉 **말씀의 관점 대하기**

하나님의 백성들의 성장과 성숙을 위해서 성령으로 변화된 공동체의 삶만큼 좋은 교사도 없다. 사도행전은 우리에게 중요한 본을 보여준다. 사도행전에 등장하는 초기 교회 공동체에는 지도자들을 통한 가르침이 있었다. 그와 동시에 성령으로 인도함을 받는 공동체적 삶이 있었다. 하나님의 말씀은 사도들의 입을 통해서 뿐만 아니라, 그들 모두의 공동체적 삶을 통해서 더 풍성하게 전달되었고 학습되었다.

예수 그리스도의 십자가가 무엇을 의미하는지 깨닫고 자신의 죄를 회개한 많은 사람들은 사도들을 통해서 말씀의 가르침을 받기 이전에 공동체의 삶을 통해서 이미 하나님 나라에 대한 가르침을 받게 된다. 처음 그리스도인이 된 사람은 하나님 나라에 대한 가르침을 받기 전에 공동체를 통해 하나님 나라를 이미 경험하게 되는 것이다. 초대교회 공동체는 성령으로 변화된 삶을 통해서 풍성하게 하나님 나라를 드러내고 있었고, 새로운 회심자들은 공동체를 통해 자연스럽게 하나님 나라가 어떤 것인지, 하나님 나라의 백성들이 어떤 삶을 살아야 하는지 알게 되었다. 우리 눈앞에 드러난 삶보다 더 강력한 가르침은 존재하지 않는 법이다.

사도행전 2장 43절~47절

사람마다 두려워하는데 사도들로 인하여 기사와 표적이 많이 나타나니, 믿는 사람이 다 함께 있어 모든 물건을 서로 통용하고, 또 재산과 소유를 팔아 각 사람의 필요를 따라 나눠 주고, 날마다 마음을 같이 하여 성전에 모이기를 힘쓰고, 집에서 떡을 떼며 기쁨과 순전한 마음으로 음식을 먹고, 하나님을 찬미하며 또 온 백성에게 칭송을 받으니, 주께서 구원 받는 사람을 날마다 더하게 하시니라.

4. 성령이 충만하게 역사하는 초대 교회 공동체가 가지고 있었던 모습을 성경 속에서 발견하여 함께 나누어 보자. 그들의 새로운 삶의 모습은 당시 로마의 통치 하에 살아가던 사람들에게 어떤 느낌을 주었을까?

5. 공동체를 이루어 살아가는 사람들은 자연스럽게 서로 영향을 주고받는다. 지금 우리가 초대교회 공동체에 속해있다고 상상해보자. 우리는 성경에 기록된 일이 우리 앞에서 행해지는 것을 직접 목격하고 있다. 당신의 마음속에 일어나는 감정은 어떤 것인가? 그리고 그들의 삶이 당신에게 어떤 영향을 미치게 될까?

6. 공동체 속에서 다른 사람의 삶을 통해 영향을 받은 경험이 있는가? 어떤 이유에서 영향을 받았으며 그 영향의 결과로 자신에게 어떤 변화가 있었는가?

7. 자신의 삶을 통해 다른 사람에게 영향을 미친 경험이 있는가? 다른 사람이 자신의 삶을 통해 도전을 받고 새로운 삶을 살아가는 변화를 경험한 일이 있다면 무엇인가?

》》》 기도로 삶 드리기

성령으로 변화된 개인의 삶은 공동체 속에 있는 다른 사람에게 본이 되었고, 변화된 사람들의 새로운 삶을 본 사람들은 자연스럽게 이끌리게 되었다. 성령으로 인해 시작된 변화는 한 한 사람에서 또 다른 한 사람에게로, 변화된 공동체의 삶은 이웃한 공동체를 변화시키면서 하나님 나라가 확장된 것이다.

8. 우리 공동체가 성령으로 변화된 삶을 살아갈 수 있도록 기도하자. 우리가 온전한 그리스도의 제자로 성장하는 길은 변화된 삶을 통해 서로를 이끄는 것이다. 하나님의 도우심을 구하며 변화된 삶을 추구하는 우리가 되도록 함께 기도하자.

9. 우리 공동체 가운데 진실한 교제와 나눔, 순전한 마음과 기쁨이 충만하도록 기도하자. 성령이 임하는 공동체마다 드러나는 증거가 우리 공동체에도 충만하도록 간구하자.

›››› **활동 팁**

10. 한 사람씩 돌아가며 자신이 본받을 점을 가지고 있는 친구의 삶을 칭찬해 보라.

11. 공동체 속에서 자신이 꼭 함께 공유하고 싶은 삶의 모습이 있다면 함께 이야기 해보라.

"또 온 백성에게 칭송을 받으니,
주께서 구원 받는 사람을 날마다 더하게 하시니라"
행 2:47

06 장성한 분량에 이름

아이스브레이크

1. 자신이 평소에 가장 즐겁게 할 수 있는 일은 무엇인지 이야기해 보라.

2. 자신이 하나님께로부터 받은 은사가 있다면 어떤 것인가? 그리고 그 은사로 다른 사람을 섬긴 일이 있다면 무엇인가?

삶의 흔적 나누기

CASE 1

지형은 오랫동안 모태신앙으로 이미 교회에 출석한지 이십 년이 넘었다. 그동안 성경도 많이 읽었고 필요하다고 생각하는 훈련도 많이 받았다. 그러나 지형은 요즘 고민이 생겼다. 그리스도인으로서 살아가는 삶에 무엇인가 빠진 듯한 느낌을 받기 시작했기 때문이다. 예배도 이전과 같고 말씀 읽고 큐티를 하는 것노 이전과 다르지 않은데 앞으로 나아가고 있다는 느낌을 받지 못하고 있는 것이다.

그러던 중 지형은 최근에 예수님을 알게 되어 교회에 출석하게 된 용규라는 친구를 통해 큰 충격을 받았다. 용규는 최근 예수님을 만나면서 변화된 자신의 삶을 이야기 하면서 자신이 얼마나 예수님을 사랑하는지 고백하는데 용규의 간증을 들으면서 지형은 새로운 사실을 알게 된 것이다. 지형은 오랫동안 예수님을 믿고 주를 고백하며 살았지만 예수님을 사랑한다는 것이 무엇인지, 그런 고백을 한다는 것이 어떤 의미인지 한번도 진지하게 생각해 본적이 없었기 때문이다. 지형은 용규를 통해 예수님을 사랑하는 마음, 그 사랑의 마음이 가져다주는 기쁨과 감격을 알게 되었다.

CASE 2

보미는 최근 한 친구를 통해 예수님을 알게 되었다. 한번도 교회와 신앙에 대해 생각해 본적이 없었지만 친구가 전하는 복음은 보미의 마음을 이끌어 새로운 경험을 하게 한 것이다. 보미는 교회에 출석하면서 자신이 단순한 교회의 회원이 아니라 그리스도의 몸으로 부름을 받은 교회의 한 지체임을 알게 되었다. 그때부터 보미는 기도하기 시작했다. 아직 모르는 것이 많지만 하나님이 자신을 몸의 한 부분으로 부르셨다면 반드시 자신이 무엇인가 그리스도의 몸을 세워가는 일에 도움이 될 부분이 있을 것이라는 생각이 들었기 때문이다.

보미는 우선 하나님이 자신에게 주신 은혜를 다른 지체들에게 나누기 시작했다. 그리고 누군가 힘든 일이 있다는 소식을 들으면 그 친구를 위해 개인적으로 기도하는 시간을 가졌다. 성경을 많이 알지 못했지만 이런 일은 보미가 얼마든지 즐겁게 할 수 있는 일이었다. 보미는 기회가 있는 대로 자신이 가진 것으로 섬겼다. 그러는 중에 그녀에게는 이전에는 경험하지 못했던 기쁨을 누리기 시작했다.

3. 자신의 공동체에서는 초신자들이 어떤 역할을 하고 있는지 함께 이야기 해보라. 그리고 초신자들이 신앙의 기초를 배우면서 공동체 속에서 자신이 받은 은혜를 따라 섬길 수 있는 일은 무엇이 있을지 함께 나누어 보라.

〉〉〉〉 말씀의 관점 대하기

에베소서를 통해서 우리는 교회가 그리스도의 몸으로 존재한다는 것을 알게 된다. 하나님은 교회를 한 성령 안에서 한 믿음을 가진 하나의 공동체로 부르신 것이다. 교회를 몸에 비유해서 설명하는 것을 통해 우리는 교회 공동체가 가지는 유기체적 성격을 잘 이해해야 한다. 몸의 각 지체는 유기적으로 연결되어 있다. 각 지체는 서로 영향을 주고받으며 몸을 세운다. 각 지체가 가지고 있는 고유의 기능이 다르고 생김새도 다르지만 어느 것 하나 소중하지 않은 것이 없으며, 몸을 세우는데 기능하지 않는 것이 없다. 몸이 온전하려면 모든 지체가 가진 기능을 따라 몸을 세워가야 한다.

교회는 몸과 같다. 하나님은 교회에 다양한 은사를 주셨다. 각각의 은사는 그리스도의 몸을 세우기 위해 기능한다. 사도, 선지자, 복음 전하는 자, 목사와 교사 등이 대표적인 은사로 이야기 되고 있지만 그리스도의 몸을 온전히 세우기 위해 사용되는 은사는 더 다양하고 많다. 모든 그리스도인은 몸의 지체이며, 지체로서 몸을 세워가도록 은사를 받았으며 동시에 책임이 있는 것이다.

에베소서 4장 11절~16절

> 그가 혹은 사도로, 혹은 선지자로, 혹은 복음 전하는 자로, 혹은 목사와 교사로 주셨으니, 이는 성도를 온전케 하며 봉사의 일을 하게 하며 그리스도의 몸을 세우려 하심이라. 우리가 다 하나님의 아들을 믿는 것과 아는 일에 하나가 되어 온전한 사람을 이루어 그리스도의 장성한 분량이 충만한 데까지 이르리니, 이는 우리가 이제부터 어린 아이가 되지 아니하여 사람의 궤술과 간사한 유혹에 빠져 모든 교훈의 풍조에 밀려 요동치 않게 하려 함이라.
>
> 오직 사랑 안에서 참된 것을 하여 범사에 그에게까지 자랄찌라. 그는 머리니 곧 그리스도라. 그에게서 온 몸이 각 마디를 통하여 도움을 입음으로 연락하고 상합하여 각 지체의 분량대로 역사하여 그 몸을 자라게 하며 사랑 안에서 스스로 세우느니라.

4. 에베소서는 '우리가 다 하나님의 아들을 믿는 것과 아는 일에 하나가 되어 온전한 사람을 이루어 그리스도의 장성한 분량이 충만한 데까지 이르리니' 라고 말하고 있다. 그리스도의 장성한 분량이 충만하게 되는 것은 어떤 것일까? 서로의 생각을 나누어 보라.

5. 그리스도의 장성한 분량에까지 이르도록 성장하기 위해서 우리는 어떻게 해야 하는가? 그리고 우리가 그리스도의 장성한 분량에까지 이르게 되면 어떻게 되는지 오늘 성경 말씀을 통해 찾아보라.

6. 성경은 우리가 자라고 성장하는 목표를 예수 그리스도에게 두고 있다. 개인적으로 그 목표에 도달하는 것도 중요하지만 본문은 공동체가 함께 성장하는 것을 강조하고 있다. 우리 공동체는 그리스도를 향하여 함께 성장하고 있는가? 그리고 자신은 지금 어느 정도의 성장을 이루었는지 함께 이야기해 보라. 그리고 그리스도를 닮기 위해서 우리가 변화되어야 할 부분이 있다면 무엇인가?

7. 그리스도인이 성장하는 것은 그리스도의 몸인 공동체 안에서 성장하는 것이다. 공동체가 성장하면 그 속에 속한 사람이 함께 성장하며, 공동체가 약하게 되거나 병들면 그 속에 있는 사람도 약하게 되고 병들게 된다. 각자가 공동체와 함께 성장을 경험하거나 함께 영적인 침체를 경험한 일은 무엇인가?

》》》 기도로 삶 드리기

그리스도인들이 그리스도의 장성한 분량까지 자라기 위해서는 온 몸이 함께 세워져가야 한다. 공동체의 구성원들이, 자신이 가지고 있는 믿음과 받은 은사의 분량을 따라 다른 사람들을 섬길 때 몸은 온전해진다. 아직 신앙이 약하고, 성경을 많이 알지 못한다 하더라도 자신에게 주어진 하나님의 은혜를 나누며 그 은혜를 따라 섬기면 그리스도의 몸을 온전히 세우는데 큰 힘이 된다. 중요한 것은 우리가 언제부터 신앙생활 했는지, 성경을 얼마나 많이 아는지, 어떤 훈련의 과정을 거쳤는지가 아니라 성령께서 우리 각 사람에게 주신 은사가 무엇인가 하는 것이다. 주어진 은사를 따라 각자 믿음의 분량대로 섬긴다면 우리는 함께 그리스도의 몸을 세워 그리스도의 장성한 분량에 이르게 될 것이다.

8. 우리가 그리스도 안에서 한 공동체로 세움 받은 것을 확신하며 살아갈 수 있도록 기도하라. 개인주의 시대에 신앙마저 개인적인 것이라고 생각하는 경향이 교회에도 만연한데, 우리는 그리스도의 몸으로 함께 세워져가고 있음을 인식하고 그리스도를 향하여 함께 성장해 갈 수 있도록 기도하라.

9. 우리가 서로를 섬겨 그리스도의 몸을 세우려면 사랑이 풍성해야 한다. 우리를 지배하고 있는 이기심을 극복하지 못하면 한 몸을 세울 수 없다. 우리 가운데 성령 하나님으로 인한 사랑이 풍성하게 되도록 기도하자.

》》》 **활동 팁**

10. 최근 10년 동안 자신의 성장 그래프를 자신이 속한 공동체의 성장 그래프를 그려보라. 그리고 두 그래프의 변화를 비교하면서 상호 영향에 대해 이야기해 보자.

11. 공동체의 구성원 중 최근 영적 침체를 경험하고 있는 사람이 있는지 살펴보고 그를 위해 기도하는 시간을 계획하라. 그리고 그에게 도움이 될 말씀을 찾아 문자 메시지를 보내자.

"우리가 다 하나님의 아들을 믿는 것과
아는 일에 하나가 되어 온전한 사람을 이루어
그리스도의 장성한 분량이 충만한 데까지 이르리니"
엡4:13

해설 가이드

〉〉 이 교재의 특징

이 교재는 "함께 성장하는 사람들"이라는 제목을 통해서 알 수 있듯이 신앙은 공동체를 통해 성장한다는 것을 강조하고 있다. 공동체적 신앙의 본질에 대해 제시하고 있는 성경말씀을 함께 나누면서 우리 공동체가 함께 그리스도의 제자로 성장해 가야 한다는 점을 깊이 배워나가길 바란다. 따라서 이 교재를 통해 서로의 삶에 영향을 주고받는 신앙에 대해 각자의 생각들을 많이 나누는데 초점을 맞추라. 서로의 솔직한 나눔이 공동체 안에서 실제적으로 적용될 수 있도록 활동팁도 구체적인 생활 가운데서 실천에 옮기는 것도 매우 중요하다.

제 1과 서로 다르지만 함께 하는 공동체

〉〉 이 과의 목표

1과의 목표는 우리가 함께 하는 공동체가 가지고 있는 다양성에 대한 성경적인 관점을 이해하는데 있다. 소그룹은 사람을 성장시키는 공동체가 되어야 한다. 그런데 많은 경우 우리는 서로 다른 기질과 성향으로 인해 갈등하고 반목하다가 성장하지 못하고 오히려 상처받는 경우가 많다. 그런데 예수님이 부르신 제자들의 공동체를 살펴보면 그들 역시 획일적인 문화와 가치를 가지고 있는 사람들의 집단이 아니었음을 알게 된다. 다양한 배경과 경험을 통해 성장한 사람들을 불러 공동체를 이루게 하시고 그들이 함께 배우며 성장하게 하신 것이 예수님의 방법이다. 그러므로 다양성이란 우리에게 무거운 짐이 아니라 하나님의 은혜인 것이다. 1과를 통해 다양한 삶을 통해 서로 다른 모습을 하고 있는 우리를 공동체로 부르신 하나님의 뜻을 이해하도록 하자.

》 아이스브레이크

1. 다른 사람에게 별명을 붙이는 것은 그 사람이 가지고 있는 독특성을 발견하는 작업이다. 공동체에 있는 다른 사람이 가지고 있는 나와 다른 점을 발견해서 별명을 붙여줌으로 그가 가진 독특성을 새롭게 인식하는 기회를 가지도록 하자.

2. 개인이 가지고 있는 독특한 삶의 경험은 때로 다른 사람과의 교제를 방해하는 이유가 되곤 한다. 누구나 그런 경험을 가지고 있을 수 있다. 자신의 이야기를 하면서 자신이 가지고 있는 약점을 함께 극복할 수 있는 기회를 가지도록 하자.

》 삶의 흔적 나누기

두 개의 case는 공동체 속에 존재할 수 있는 다양성의 이유와 그 다양성으로 인해 우리가 받을 수 있는 충격에 대해서 다루고 있다. 우리가 서로 다른 이유는 우리가 자라온 환경과 자라면서 하게 되는 경험이 다르기 때문이다. 그리고 그렇게 다른 사람들이 모이면 그 속에서 경험하게 되는 문화적인 충격이 있기 마련이다. 이런 상황에 대해 우리 모두고 공유하고 있을 필요가 있다. 다양성을 이해한다는 것은 모두가 나와 같을 것이라는 가정, 혹은 내가 가지고 있는 경험 혹은 가치가 상식이라는 식의 생각을 내려놓는 것이다. 다른 것은 틀린 것이 아니다. 그러나 때로는 그 다른 것이 우리를 힘들게 하기도 한다.

3. 우리 공동체에도 있을 수 있는 이야기이다. 자신이 가지고 있는 경험, 가치와 다른 공동체의 문화를 경험하면서 충격을 받고 힘들어하는 사람을 우리는 어떻게 도울 수 있을까? 어떻게 서로 다른 경험과 가치를 가지고 함께 공동체를 이룰 수 있는지 이야기하면서 서로가 서로에게 가지고 있는 부담감을 솔직히 나누는 것은 중요하다. 그리고 적극적으로 서로 교제할 수 있는 분위기를 만들도록 하라.

》 말씀의 관점 대하기

예수님의 제자들은 대부분 갈릴리 출신이었고 어부들이 많았다. 그러나 그들이 모두 획일화된 문화를 가지고 있었던 것은 아니다. 그들 중 어떤 사람들은 독특한 직업을 가지고 있었고, 예수님을 만나기 전 그들의 삶도 달랐다. 그런 차이는 그들이 가지고 있는 성격의 차이와 함께 가치관의 차이 반응과 행동의 차이를 만들어 내기에 충분한 것이었다. 그렇게 다양한 사람들을 불러 공동체를 이루게 하시고 함께 성장하게 하신 것이 예수님의 방법이다. 우리 공동체가 가지고 있는 다양성에 초점을 맞추어보자. 그리고 그 다양성이 우리를 더 성장시키고자 하시는 하나님의 방법임을 확신하며 우리 공동체의 상황을 말씀과 함께 살피라.

4. 예수님께서 제자들을 공동체로 부르신 것은 그들의 사역과 아주 밀접한 관계가 있다. 예수님이 제자들을 통해 회복하고자 하는 하나님 나라는 바로 사람들이 함께 모여 이루는 공동체이기 때문이다. 그러므로 예수 그리스도 안에서 참된 공동체를 경험하는 것은 사람들에게 하나님 나라를 전하는 일에 절대적으로 필요한 일이었다. 예수 그리스도 안에 있는 공동체가 사람들에게 하나님 나라를 전하고 사람들을 하나님의 사람으로 성장하게 하는 중요한 하나님의 방법임을 알아야 한다.

5. 공동체가 가지고 있는 다양성은 하나님이 사람을 성장하도록 하는데 사용하는 좋은 도구이다. 각 사람이 가지고 있는 다양한 삶의 경험과 지식과 은사는 공동체를 풍성하게 하며 사람들을 균형 잡힌 사람으로 성장하도록 돕는다. 그러나 다양성을 긍정적으로 이해하고 받아들이지 못하면 공동체가 서로 반목하게 되거나 분열될 수 있다. 자신의 경험과 지식을 절대시하면서 다른 사람의 경험과 지식을 비난하기 시작하면 공동체를 풍성하게 하고자 하나님이 주신 다양성이 오히려 공동체를 힘들게 하게 되는 것이다. 다양성이 가지고 있는 장점과 단점을 이해하고 대처하라.

6. 지금 우리 공동체 역시 다양성을 가지고 있을 것이다. 다양성은 어느 공동체에서나 쉽게 발견되는 것이다. 우리 공동체에 존재하는 다양성을 찾아 이야기하면서 그 다양성이 지금 우리에게 어떤 영향을 미치고 있는지 이야기하면서 서로를 인정하는 마음을 갖는 것은 의미있는 일이다.

7. 베드로와 도마는 전혀 다른 기질의 사람으로 한 공동체를 이루고 있다. 이런 경우 상호 보완적인 역할을 할 수도 있지만 갈등할 수도 있다. 그들이 어떤 방식으로 공동체를 이루었을지 상상해 보라. 그리고 지금 우

리공동체 속에 서로 다른 기질을 가지고 있는 사람들이 어떤 관계를 형성하고 있는지 함께 이야기해 보라. 이런 과정을 통해 서로를 이해하고 인정하는 기회가 되도록 하자.

》 기도로 삶 드리기

서로 다른 우리를 한 공동체로 불러 자라고 성장하도록 하신 하나님의 지혜에 감사하며 간절히 기도하도록 하자.

》 활동 팁

10. 다양성을 인정하려면 나와 다른 사람의 모습 속에서 장점을 찾으면 된다. 다른 것의 단점에 집중하면 인정할 수 없다. 그러나 장점을 찾다보면 인정하게 되고 좋아할 수 있게 된다.

11. 다양성은 때때로 은혜가 되고 때때로 힘겨움이 된다. 우리가 은혜에 집중하면 은혜가 더 커질 것이다. 우리 공동체가 가지고 있는 다양성과 그 다양성으로 인해 누리고 있는 은혜를 나누며 서로를 칭찬해주자.

제 2과 공동체를 통한 치유

》 아이스브레이크

1. 함께 공동체를 이루고 소그룹을 하며 매주 모이지만 정작 옆에 있는 친구의 필요에 대해 무지할 수도 있다. 다른 사람의 필요에 대해 관심을 가지도록 유도하는 것이다. 서로 얘기를 나누면서 서로에 대해 더 깊이 알아가는 시간이 되도록 하라.

2. 가장 추웠던 때란 가장 힘들었던 때를 말한다. 힘든 시간을 어떻게 이겨내게 되었는지, 그리고 그때 누군가의 도움을 받은 적이 있는지 함께 이야기 하도록 하자. 많은 경우 우리는 힘든 시간을 다른 누군가의 도움을 통해 이겨냈을 것이다. 그런 경험을 공동체와 연결해 생각해 보라.

》 삶의 흔적 나누기

함께 소그룹을 하다보면 상처를 가지고 있는 친구들을 만나게 된다. 특히 최근에는 깨어진 가정이 많아 가정의 일로 인해 마음에 상처를 안고 있는 사람들이 많다. 그런 상처는 다른 사람에 대해 깊이 신뢰하지 못하게 하고, 크고 작은 일에 대해 긍정적인 반응을 하지 못하도록 한다. 여러 가지 다양한 이야기들을 나누며 우리 공동체가 상처받은 사람을 회복시키는 공동체가 되도록 기대하며 나아가자.

3. 태형은 우리 시대의 보편적인 청년의 모습이 아닌가 생각한다. 나는 나대로의 삶, 너는 너대로의 삶을 살아가자는 것이다. 우리 모두 자유로운 듯하나 사실 우리는 모두 외롭다. 태형처럼 서로를 인정하는 듯하면서도 서로 무관심한 삶을 살아가는 우리 시대의 청년들에게 공동체의 중요성을 함께 나누도록 하자.

》 말씀의 관점 대하기

룻기는 상실감으로 인해 자신의 이름마저 바꾸어버린 여인의 삶을 다루고 있다. 그러나 모든 것을 잃어버린 나오미의 삶은 비극으로 끝나지 않았다. 그녀에게는 자신을 치유하기에 충분한 은혜를 가지고 있는 공동체가 있었기 때문이다. 나오미의 삶을 통해 우리 공동체의 방향을 재정립하도록 하자.

4. 보아스는 이방 여인 룻이 이삭을 줍도록 허락할 뿐 아니라 종들에게 은밀히 말해 더 많은 은혜를 베푼다. 보아스가 베푼 은혜는 룻과 그의 시어머니 나오미에게 큰 기쁨이 되었다. 소망 없는 삶을 살아가는 사람들에게 은혜를 베푸는 사람들은 더 없는 위로가 된다. 룻과 나오미가 누리게 되었을 위로와 기쁨을 함께 공유하라.

5. 룻은 자신의 고향 땅 모압을 떠나 시어머니의 고향으로 왔다. 룻은 단순히 고향을 떠난 것이 아니라 그의 신을 떠난 것이다. 룻은 새로운 신앙을 가지게 되었다. 그리고 룻의 삶은 나오미에게 위로와 은혜가 넘치는 자비의 삶이었다. 룻의 신앙과 삶은 우리에게 큰 도전이 된다. 룻을 통해 얻은 교훈을 함께 배우라.

6. 나오미와 룻처럼 힘든 삶을 경험하게 될 때가 누구에게나 있다. 그때

우리가 공동체를 통해 누리게 되었던 은혜와 위로를 함께 이야기하면서 지금 우리 공동체를 새롭게 할 수 있는 방법에 대해 생각을 모으라.

7. 우리가 함께 성장하는 공동체가 되려면 우리가 가지고 있는 상처를 치유하는 공동체가 되어야 한다. 상처받은 심령이 치유되지 않으면 성장하지 못하는 법이다. 우리 공동체가 서로의 상처를 치유하는 공동체가 되려면 무엇이 필요한지, 어떻게 해야 할 지 함께 지혜를 모아보자.

〉〉 기도로 삶 드리기

우리 공동체가 서로를 치유하는 공동체가 되도록 간절히 하나님의 도우심을 구하자.

〉〉 활동팁

10. 공동체 안에 최근에 힘들어하는 삶을 위한 기도의 시간을 가지자. 우리가 서로를 치유하는 가장 좋은 방법은 서로를 위해 기도하는 것이다.

11. 보아스가 룻을 위해 선물을 준비했듯이 우리가 지금 힘들어하는 친구를 위해 작은 선물을 준비해보자. 작은 책 혹은 말없이 건네는 커피 한 잔이 사람의 마음을 부드럽게 하는 법이다.

제 3과 갈등을 넘어서는 성숙

〉〉 이 과의 목표

3과의 목표는 공동체가 함께 성장하기 위해서 반드시 극복해야 할 과제를 다루는 것이다. 공동체 안에서의 갈등은 피할 수 없다. 이 땅에 세워진 모든 공동체는, 그것이 그리스도의 풍성한 사랑으로 연합된 것이라 할지라도 갈등은 있다. 사도행전에 나타난 아름다운 초대 교회 공동체에도 갈등이 있었고 죄의 흔적이 있었다. 성령이 인도하시는 공동체는 갈등이 전혀 없는 공동체가 아니라 갈등을 은혜롭게 극복하며 함께 성장하는 공동체임을 기억하며 3과를 진행하도록 하자.

〉〉 아이스브레이크

1. 칭찬 받았을 때의 기쁜 감정을 이야기하면서 모임을 즐거운 분위기로 시작하도록 하자. 갈등이라는 주제를 다루는 것은 어려운 일이다. 그러나 가벼운 마음으로 시작하면서 갈등을 극복할 수 있도록 하자.

2. 선의의 라이벌이 있다고 한다. 공동체 가운데, 혹은 삶의 현장에서 자신과 경쟁관계 속에 있는 사람이 있다면 그 사람과의 관계가 어떠한지 함께 이야기 해보자. 긍정적이든 부정적이든 우리 마음속에 있는 것을 솔직하게 이야기하면서 갈등의 문제를 다루어 보라.

〉〉 삶의 흔적 나누기

민철과 정민처럼 공동체 속에서 갈등을 경험하고 있는 사람들이 많다. 갈등을 잘 극복하지 못한 경우에는 결국 한 사람이 공동체를 떠나는 결정을 하게 된다. 가슴 아픈 일이다. 이들에게 우리는 어떤 말을 해 줄 수 있을까? 각자의 경험을 이야기하면서 정민과 민철을 위한 조언을 나누어보자.

〉〉 말씀의 관점 대하기

공동체 안에서의 갈등을 이야기 하자면 예수님의 제자들을 빼 놓을 수 없다. 십자가를 이야기 하시는 예수님 등 뒤에서 누가 큰 자인가를 다투었던 제자들, 그들의 모습 속에서 우리는 우리의 얼굴을 발견하곤 한다. 누가 큰 자인가를 논하며, 하나님의 나라에서 예수님의 좌우편에 앉기를 구하는 제자들의 모습과 그들을 다루시는 예수님의 모습을 함께 묵상하면서 말씀을 살피도록 하자.

4. 야고보와 요한이 예수님에게 주의 나라에서 주의 좌우편에 앉기를 구하는 것은 그들이 가지고 있는 주의 나라에 대한 생각을 잘 드러내 보여준다. 제자들은 예수님과는 달리 하나님의 나라가 그들 가운데 정치적인 왕국으로 나타날 것이라고 생각한 것이다. 다윗이 이스라엘 나라를 일으킨 것처럼 예수님이 로마 제국을 무너뜨리고 이스라엘 나라를 회복하실 것이라 기대한 것이다. 그 거대한 제국이 회복되면 예수님의 측근으로서 영광과 권세를 누리고자 한 것이다. 야고보와 요한이 예수

님께 구하는 것은 권력이며 영광이다. 그것은 로마 제국의 관리들이 가지고 있는 것이며 세상 사람들이 열망하며 추구하는 것이다.

5. 야고보와 요한이 주의 나라에서 영광 얻기를 구하자 다른 제자들이 분히 여겼다. 제자들이 분히 여긴 이유는 무엇일까? 제자들이 야고보와 요한을 보고 화를 내는 것은 그들 역시 영광의 자리를 탐하고 있었기 때문이다. 자신들이 앉고자 하는 자리를 다른 사람이 차지하려 하자 화를 내는 것이다. 이 일이 있고 난 후 야고보와 요한 두 형제와 다른 제자들 사이에는 갈등이 깊어졌을 것이다. 그동안 잠복해 있던 경쟁심이 드러나면서 서로 갈등하고 반목하는 일이 있었을 것이다. 이런 부정적인 정서는 공동체가 함께 성장하는데 큰 방해요소가 된다.

6. 우리 자신이 가지고 있는 갈등의 경험을 이야기 해보자. 서로의 경험을 나누다보면 서로에게서 지혜를 얻을 수 있는 기회가 생길 것이다. 솔직하게 나누는 삶의 경험이 어떤 사람에게는 큰 위로가 되고 때로는 지혜가 되기도 한다. 성령님께서 우리 경험을 어떻게 사용하실지 모르지만 기대하는 마음으로 이야기해 보자.

7. 이제 공동체가 갈등을 극복하고 비전을 성취하는 방법을 찾아야 한다. 우리 각자가 생각하는 방법을 이야기 해보자. 가능하면 구체적인 방안을 이야기 할 수 있었으면 한다. 예컨대 '서로 사랑해야한다' 라고 말하기 보다는 사랑하는 마음을 품게 하도록 하는 구체적인 방법을 이야기해 보자.

〉〉 기도로 삶 드리기

우리 공동체 속에 있는 여러 가지 부정적인 정서를 극복하고 공동체가 하나되어 함께 성장할 수 있도록 하나님께 도우심을 구하자.

〉〉 활동 팁

10. 우리 안에 있는 부정적인 정서들을 나열해 봄으로서 우리 공동체가 가지고 있는 숨은 갈등을 명료화할 필요가 있다. 그리고 그것의 해결을 위해 구체적인 자기 결단을 하고 실천하는 계기를 마련해야 한다.

11. 일주일간 두 사람 이상을 만나 서로 경쟁하지 않으면서 서로에게 용기와 유익을 줄 수 있는 시간을 가져보라. 함께 기도함으로써 우리의 사사로운 욕망을 깨뜨릴 수 있다.

제 4과 서로를 가르침

〉〉 이 과의 목표

4과의 목표는 소그룹 안에서 우리가 양육을 받게 되는데, 공동체적 양육이란 한 사람이 다른 사람을 일방적으로 가르치는 강의식이 아니라 공동체 구성원들이 서로를 가르치며 세워가는 방식임을 배우도록 하는 것이다.

우리가 배우고자 하는 것은 지식이 아니라 지혜이다. 지혜는 어른이라고 해서 더 풍성한 것이 아니며 어린 아이라고 해서 절대적으로 부족한 것도 아니다. 어른이 어린 아이에게서 지혜를 배우는 경우는 너무나도 많다. 소그룹 안에서의 양육도 마찬가지이다. 리더가 일방적으로 소그룹원을 가르치는 것이 아니라 서로가 서로를 가르치며 세워가는 것이다. 서로 서로 돌보며 세워가는 삶의 태도를 함께 배우도록 하자.

〉〉 아이스브레이크

1. 소그룹을 시작하기 전에 서로의 기분을 이야기 하면서 위로하고 축복하는 시간을 가지자.

2. 자신이 좋아하는 성경구절을 다른 친구에게 나누어 주고 그 말씀을 좋아하는 이유를 설명하는 것은 우리가 서로를 가르치는 가장 쉬운 방법이다. 우리는 이런 방식으로 서로를 가르칠 수 있다. 아이스 브레이크를 진행하면서 서로에게 말씀을 전하는 기쁨을 누리도록 유도하라.

〉〉 삶의 흔적 나누기

상운과 문철은 우리 공동체 가운데 있는 한 사람일 수 있다. 힘든 중에 도움을 구할 사람이 없어 방황하는 친구, 힘들어하는 친구들을 늘 가까이에서 돕는 친구들 모두 우리가 흔히 볼 수 있는 친구들의 모습이다. 이들의 경험을 읽어가면서 우리 삶의 이야기를 회상해보는 기회로 삼으라.

3. 공동체를 통해 가르침을 받아 자신이 가지고 있는 문제를 해결했던 경험을 함께 이야기해 보자. 이런 은혜로운 경험을 통해 우리는 성장한 것이다. 자신을 성장하도록 도운 공동체와 사람들에 대한 이야기를 함께 나누라.

〉〉 말씀의 관점 대하기

골로새서 3장 12절~17절까지의 말씀 속에는 '서로' '피차' 라는 단어가 등장한다. 바울은 교회를 향해서 하나님의 말씀을 전하는데 그 말씀의 내용은 '서로' '피차' 함께 해야 할 일들에 대한 것들에 대한 것이다. 교회는 '서로 용서하고' '피차 가르쳐야' 한다. 서로가 서로를 섬기고, 서로가 서로를 이끌어가는 것이 하나님이 기뻐하시는 공동체의 아름다운 모습이다.

건강하지 못한 공동체는 공적으로 세워진 목회자나, 회장이 가르치고 섬기는 일을 독점한다. 그러나 이것은 하나님이 계획하신 공동체의 모습이 아니다. 강한 자는 강한 대로, 약한 자는 약한 대로 자신의 가진 것으로 섬기는 것이 하나님이 기뻐하시는 공동체의 모습임을 기억하면서 오늘 말씀을 함께 묵상하고 나누라.

4. 우리가 서로를 가르치기 위해서는 하나님의 말씀이 우리 속에 풍성히 거해야 한다. 그렇다면 말씀이 우리 속에 풍성히 거한다는 것은 어떤 의미일까? 성경을 해박하게 알고 있다는 말일까? 그렇다면 성경을 많이 배운 사람이 다른 사람을 가르쳐야 한다고 말해야 할 것이다. 우리가 서로를 가르칠 수 있도록 말씀이 우리 안에 풍성히 거한다는 것은 말씀을 얼마나 많이 알고 있느냐의 문제가 아니라 한 구절의 말씀이라도 그 말씀이 우리 속에서 역사는 경험이 있느냐의 문제이다. 그렇다면 초신자라고 할지라도 하나님의 말씀이 그 속에 풍성하게 되는 경험을 할 수 있으며 그 말씀으로 다른 사람을 세울 수 있다. 우리 안에 말씀이 풍성하게 되는 은혜를 사모하며 함께 말씀을 묵상하고 나누자.

5. 우리가 하나님의 말씀으로 서로를 가르치고 권면하기 위해서 필요한 것

은 선한 정서이다. 오늘 말씀에 기록한 것과 같이 '긍휼' '자비' '겸손' '온유' '오래 참음' '용서' 등의 선한 정서가 필요하다. 이런 정서를 통해 이루어지는 가르침이 다른 사람을 효과적으로 세울 수 있는 것이다.

6. 우리가 받은 은혜의 말씀으로 다른 사람을 가르친 경험이 있다면 함께 나누어 보자. 이런 경험을 통해 얻은 지혜가 있다면 서로에게 큰 도움이 될 것이다.

7. 내가 힘들어 방황할 때 다른 친구를 통해 가르침을 받은 경험이 있다면 함께 이야기 해보자. 그때 무엇으로 힘들어했는지, 그런데 어떻게 친구가 나를 도왔는지 이야기 하는 중에 우리는 서로를 가르치는 효과적인 방법을 배울 수 있을 것이다.

〉〉 기도로 삶 드리기

우리가 서로를 가르쳐 세우는 공동체가 되도록 함께 간절히 기도하자.

〉〉 활동 팁

10. 말씀을 나누는 삶은 서로를 가르치는 삶이다. 내가 묵상하며 은혜 받은 그 한 구절의 말씀이 성령이 역사하는 도구가 될 수 있음을 기억하자. 공동체 안에서 묵상한 말씀을 나누는 것은 서로에게 좋은 도전이 될것이다.

11. 많은 교회가 홈 패이지를 가지고 있다. 인터넷은 우리가 효율적으로 소식을 전하는 도구이다. 이런 도구를 사용한다면 우리가 받은 은혜는 더 쉽게 다른 사람에게 전해질 수 있을 것이다.

제 5과 삶을 통한 영향력

〉〉 이 과의 목표

5과의 목표는 우리가 공동체를 이루어 함께 성장하고자 할 때에 경험하게 되는 영향력에 관한 것이다. 공동체를 이루어 살게 하시고, 공동체와 함께 성장하도록 하시는 것이 하나님의 뜻이라면 공동체 속에서의 성장은 어떻게 가능해지는가를 질문하지 않을 수 없다. 먼저 우리는 공동체 속에 충만한 하나님의 말씀을 통해, 성령의 역사를 통해 성장한다는 것을 고백해야 한다. 그리고 공동체 속에 함께 하는 사람들의 삶을 통해 주고 받는 영향력에 의해 변화된다는 것도 기억해야 한다. 사람들은 서로 영향을 주고받는다. 서로 서로 주고받는 영향력은 서로를 변화시키는 하나님의 도구가 된다. 선한 영향력은 사람을 선한 방향으로 변화시키다. 악한 영향력은 사람을 악한 방향으로 변화시킨다. 우리는 사람들 가운데 살면서 영향을 받고, 그 영향에 의해 변화되는 것이다. 우리 공동체가 서로 선한 영향력을 주고받으며 함께 성장하기를 기대하면서 5과를 진행하도록 하자.

〉〉 아이스브레이크

10. 자신의 성격을 표현하는 것을 통해 자신이 어떤 사람인지, 그리고 공동체 속에서 어떤 영향을 미치는 사람인지 살피고자 함이다.

11. 가족은 서로 닮은 점이 많다. 특히 성품의 경우에는 유전적인 요인에 의해서보다는 함께 살면서 서로 영향을 주고받은 결과이다. 가족들과 주고받는 영향력에 대해 함께 생각하면서 공동체가 가지고 있는 삶의 힘을 함께 생각해보도록 하자.

〉〉 삶의 흔적 나누기

병석과 은아의 모습은 우리 자신의 모습과 크게 다르지 않다. 우리는 알지 못하는 사이에 아버지와 어머니를 닮아간다. 심지어 닮지 말아야지 하는 부분까지 닮아가는 것을 보면 놀랄 때가 있다. 우리 삶 속에서도 이들과 같은 경험을 발견할 수 있을 것이다. 자신의 삶을 돌아보는 기회를 갖자.

3. 병석과 은아처럼 살면서 자연스럽게 영향을 받아 사람을 본받게 된 경험을 함께 나누어 보자.

〉〉 말씀의 관점 대하기

사도행전에 드러나는 초대교회 공동체의 모습은 사람들을 성장시키는데 좋은 본보기가 된다. 날마다 더해진 새로운 사람들은 사도들에게 가르침을 받았으며, 동시에 공동체 속에서 가르침을 받았다. 이들이 하나님의 나라에 대해서 배우게 된 경로는 사도들이 전하는 하나님의 말씀과 그들이 공동체를 이루어 함께 하는 성도들의 삶이었다. 공동체의 삶을 통해 드러나는 하나님 나라의 모습은 부인할 수 없는 증거가 되었다.

4. 초대 교회 공동체의 모습을 사도행전에서 우리는 발견하곤 한다. 그들의 삶의 모습이 당시 지중해 지역을 지배하고 있었던 로마의 시민들에게 어떤 느낌으로 다가왔을지 함께 생각해보자. 수많은 사람들의 피를 흘려 건설한 제국, 그 제국을 유지하기 위해 수많은 사람을 노예로 부리는 나라의 시민들에게 자신의 소유를 자신의 것으로 여기지 않고 가난한 사람들과 나누었던 사람들의 삶은 충격이었다. 로마 제국 안에서 하나님 나라를 드러낸 것이다.

5. 상상력을 사용해 초대교회로 돌아가 보자. 그 속에서 일어나는 일을 우리가 직접 경험하고 있다고 생각해보자. 우리는 그들의 모습을 보고 어떤 감정을 갖게 되며, 앞으로 어떤 변화를 경험하게 될까. 초대교회의 감동적인 공동체적인 이야기를 생생하게 재현해 보라.

6. 공동체 속에서 다른 사람에게 영향을 받았던 경험을 이야기 하면서 우리 공동체를 돌아보는 시간을 가지자. 어떤 방식으로 우리가 영향을 받았는지 이해하는 것은 지금 우리가 공동체 속에서 서로에게 긍정적인 영향을 주고받는데 도움이 될 것이다.

7. 자신이 다른 사람에게 영향을 미친 경험을 이야기 해보라. 다른 사람에게 선한 영향을 미쳐 사람을 변화의 길로 이끈 경험은 다른 사람들에게 좋은 본이 될 것이다.

〉〉 기도로 삶 드리기

우리 공동체가 성령으로 충만하게 되어 사람들을 변화시키는 공동체가 될 수 있도록 함께 기도하자.

〉〉 활동 팁

10. 다른 사람의 본받을 점을 찾아내고 노력하는 과정을 통해서도 우리는 다른 사람의 장점을 본받을 수 있다. 함께 서로의 장점을 찾아보자.

11. 자신이 가지고 있는 은사에 대해 생각해보자. 자신이 받은 은사를 잘 활용할 수 있도록 은사를 개발하도록 하자.

제 6과 장성한 분량에 이름

〉〉 이 과의 목표

우리의 성장은 목표가 있다. 그리스도인의 성장은 우리의 주인 되신 예수 그리스도에게까지 자라는 것이다. 우리가 가진 개인적인 가치에 의해서 적당한 성장 목표를 설정해서는 안 된다. 성경은 우리에게 분명한 기준을 제시하고 있다. 그 기준은 바로 예수 그리스도이다.

우리가 예수 그리스도의 장성한 분량에 이르기까지 자라기 위해서는 하나님의 방법에 의지해야 한다. 하나님께서 우리에게 보여주시는 방법은 바로 하나님의 은혜와 은사가 충만한 공동체 이다. 하나님은 공동체에 은사와 은혜를 주셔서 각 사람들을 온전한 데 이르도록 자라게 하신다.

〉〉 아이스브레이크

1. 자신이 즐겁게 할 수 있는 일이 무엇인지 살피는 과정을 통해서 자신의 삶을 돌아보도록 하자.

2. 자신이 가지고 있는 은사로 다른 사람을 섬긴 일이 있다면 함께 이야기하자. 주어진 은사를 통해 사람을 세우는 것이 하나님께서 은사를 주신 목적이다. 하나님의 선한 뜻을 생각하면서 자신의 은사를 나누도록 하자.

〉〉 삶의 흔적 다루기

지형과 보미의 삶은 공동체 속에서 사람들이 어떻게 세움을 받는지 이해하는데 도움이 된다. 우리는 각자 받은 은사를 따라 섬길 수 있으며, 받은 은사를 따라 섬기는 사람을 통해 공동체는 더 풍성해 지는 것이다. 은사에 대해 생각할 때 우리는 기억할 것이 있다. 오랜 세월 동안 은혜 가운데 훈련된 사람의 은사만이 아니라 초신자에게 주어진 작은 은사라 할지라도 공동체를 크게 유익하게 할 수 있다는 것을 기억하면서 함께 6과를 진행하도록 하자.

3. 초신자들이 공동체에서 어떤 역할을 하는지 살펴보는 것은 우리 공동체가 하나님이 주시는 은혜와 은사에 대해 얼마나 열려 있는 공동체 인지 살펴보는 과정이다. 물론 이것으로 모든 것을 알 수는 없지만 초신자라고 하더라도 하나님이 주신 은혜와 은사를 적극적으로 활용할 수 있도록 이끌어주는 공동체가 되어야 한다.

〉〉 말씀의 관점 대하기

에베소서는 교회를 온전하게 하는 하나님의 방법을 잘 설명하고 있다. 하나님께서 공동체를 온전하게 하시는 방법은 은사를 주어 섬기게 하시는 것, 각 사람이 은사를 받은 사람들의 도움을 받아 함께 연합하여 각자의 믿음의 분량에 따라 섬기는 것이다. 공동체는 각 사람이 받은 은혜와 은사를 따라 섬기는 과정을 통해 성장하고 풍성하게 된다는 것을 기억하면서 마지막과를 진행하도록 하자.

4. 그리스도의 장성한 분량이란 무엇을 의미하는지 함께 이야기 해보자. 우선 우리는 예수님께서 성육신 하셔서 사람들 가운데 사셨던 삶을 통해 지혜를 얻을 수 있을 것이다. 개인이 예수님을 닮아 간다는 것, 그리고 공동체가 예수님의 온전한 몸을 이루어 간다는 것을 함께 묵상하면서 각자가 받은 은혜를 나누도록 하자.

5. 공동체가 함께 그리스도의 장성한 분량에까지 이르려면 하나님이 주신 은사를 따라 섬겨야 한다. 오늘 말씀에는 사도, 선지자, 복음 전하는 자, 목사와 교사를 이야기 하고 있지만 모든 은사자들이 받은 은사를 따라 섬기는 것이 공동체를 온전하게 하는 길임을 기억하고 말씀을 나누자. 그리고 우리가 그리스도의 장성한 분량에 이르게 되면 어린아이가 되지 않고 사름의 궤술과 간사한 유혹에 빠지지 않으며 사랑 안에서 스스로를 세울 수 있다고 성경은 말하고 있다.

6. 우리가 자라고 성장해야 할 목표는 바로 그리스도이다. 지금 우리의 모습을 살펴보고 예수 그리스도를 닮기 위해 어떻게 해야 할지 함께 이야기 해보자.

7. 우리가 성장하는 것은 공동체 안에서 성장하는 것이다. 공동체와 함께 성장하기도 하고 침체하기도 한다. 자신이 가지고 있는 경험을 함께 나누어보자.

〉〉 기도로 삶 드리기

우리가 공동체와 함께 성장하도록 성령 하나님의 도우심을 간구하도록 하자. 기도할 때 하나님의 영이 우리들을 온전히 하나 되게 하시기를 기도하자.

〉〉 활동 팁

10. 자신의 성장 그래프와 공동체의 성장 그래프를 그려 함께 이야기 해보자. 어떤 변화가 있는가? 아마도 많은 사람들은 공동체와 함께 성장해왔을 것이다. 그 사실을 주목하여 이야기를 나누어 보자.

11. 공동체 구성원 가운데 영적으로 침체되어 있는 삶이 있다면 그를 위해 기도하는 시간을 가지자. 그리고 그를 도울 수 있는 방법을 찾아 함께 해보자.

함께 성장하는 사람들

초판 3쇄 2012년 1월 13일

발행인 SFC 교재개발부
발행처 SFC 출판부
총 판 하늘유통(031-947-7777)

137-040 서울특별시 서초구 반포4동 58-5 2층 SFC 출판부
TEL (02)596-8493 FAX (02)596-5437

ISBN 978-89-89002-83-3 03230
값 1,800원

독자의 의견을 기다립니다.
www.sfcbooks.com

ㅁ잘못 만들어진 책은 언제든지 교환해 드립니다.